Tanz mit mir!

Biografie

Iris Felter wurde 1944 in Flensburg geboren. Nach dem Staatsexamen an der Universität in Kopenhagen hat sie viele Jahre Dänisch und Deutsch unterrichtet.
  Heute lebt sie in Frankreich.

Iris Felter

Tanz mit mir!

Iris Felter
Tanz mit mir
Teen Readers, Stufe 1

Illustrationen: Niels Roland

Verlagsredaktion: Ulla Benzon Malmmose

Copyright: © 2010 Iris Felter

© 2011 EASY READERS, Kopenhagen
– a subsidiary of Lindhardt og Ringhof Forlag A/S,
an Egmont company

ISBN Dänemark 978-87-23-90750-9
www.easyreaders.eu

Easy Readers
EGMONT

Gedruckt in Dänemark von
Sangill Grafisk, Holme Olstrup

»Entschuldigen Sie, dass ich Sie störe, mein Herr! Aber ich habe eine kleine Frage … «

Tom schaut *erschrocken* hoch. Mann! Der Lehrer meint ihn!

Die anderen Schüler lachen. Endlich passiert was in der Mathestunde. Mal sehen, wie sich der neue Junge macht.

»Ich … ? Was?« Tom weiß nicht, was er sagen soll.

Aber der Lehrer ist nett. Er lächelt und stellt die Frage noch einmal.

Tom weiß die Antwort. Mathe kann er!

Er sagt die Formel.

Der Lehrer nickt, dreht sich um, schreibt sie an die Tafel. Die anderen hören zu und schreiben mit. Auch Tom.

Aus dem Fenster schaut er in dieser Stunde nicht mehr.

Tom sitzt allein. In der letzten Reihe.

Vor ihm sind die Köpfe der anderen Schüler.

Ein Mädchen hat ganz kurze, blonde Haare. Fast wie ein Junge. Sie heißt Mia. Das Mädchen mit den langen, schwarzen Haaren ist Vanessa. Neben ihr sitzt Isabel. Sie hat *Piercings* in der Nase.

Tom kennt alle Namen. Die anderen reden aber nicht viel mit ihm.

---

erschrocken überrascht und verängstigt

das Piercing

Noch nicht.

Freitag, denkt er. Wieder eine Woche vorbei.
Seine Eltern werden heute Abend *nerven*: »Was hast du vor, Tom?«
Nichts hat er vor!
Heute Abend nicht und am Wochenende auch nicht.
»Ich treff mich mit Alex«, kann er ja sagen.
Dann ist das Problem vom Tisch.
Im Moment.

Alex ist sein bester Freund. Sein einziger. Aber sich einfach treffen geht nicht mehr, jetzt nach dem Umzug in die Stadt.
Meistens telefonieren sie. Nur kurz.
So wie gestern.
»Alles in Ordnung?«, hatte Alex zum Schluss gefragt.
»Bist nicht gut drauf, oder?«
»Nee, weiß auch nicht. Ich kenn immer noch niemanden.«
»Kommt schon noch. Sei froh, dass du mitten in der Stadt wohnst. Hier im Dorf ist es *stinklangweilig*.«
»Dann besuch mich doch mal«, sagt Tom.
»Mal sehen.«
»Kannst natürlich hier schlafen!«
»Ja, gut!«

*

---

nerven stressen
stinklangweilig sehr uninteressant

Es klingelt zur großen Pause. Tom geht allein auf den Schulhof. Die Mädchen aus der Klasse stehen zusammen in einer Gruppe. Sie reden und lachen. Ab und zu drehen sie sich um. Sie schauen, wer vorbeigeht.

Mike aus seiner Klasse kommt vorbei und klopft Tom auf die Schulter. »War echt *krass*!«
»Was war krass?«
»Na, das in der Mathestunde!«
»Ach so.«

Jetzt kommt ein Mädchen näher. Vanessa.
»Hey«, ruft sie, »habt ihr Lust auf eine Party?«
Tom ist überrascht.
Mike ist schneller: »Klar! Party? Immer!«
»Heute Abend. Bin allein zu Hause … «, sagt Vanessa.
»Passt gut«, sagt Mike.
»Und du?«, fragt Vanessa Tom.
»Doch, glaub schon«, antwortet Tom.
»Weißt du, wo ich wohne?«
»Nee.«
»Neben dem Autohaus Janssen. Das ist mein Vater.«
»Gut!«
»Bringt was zu trinken mit«, sagt sie und geht wieder zurück zu den anderen Mädchen.

»Mensch, eine Party bei Vanessa! Nun stehen wir auf der Liste der Coolen!«, sagt Mike.

---

krass sehr toll

»Bist du schon mal dort gewesen?«
»Nein, noch nie. Aber da wird gefeiert, die ganze Nacht. Hab ich gehört!«

*

»Gehst du mit ins Kino, Tom?«, fragt seine Mutter beim Abendessen.
»Nee, ich geh weg.«
»Nanu?« Sein Vater schaut ihn fragend an. »Wohin?«
Er will immer alles genau wissen.
»Ein Mädchen aus meiner Klasse macht ein Fest.«
»Wie heißt sie?«
»Vanessa.«
»Ja, und wie weiter?«
»Janssen, glaube ich. Das Autohaus Janssen gehört ihrem Vater.«
»Das Autohaus gegenüber der Sporthalle?«, fragt seine Mutter.
»Weiß ich nicht.«
»Janssen und Autohaus? Da gibt es nur das eine«, sagt sein Vater.

Duschen, Haare waschen.
Soll er das schwarze oder das blaue Hemd anziehen? Und welche Jeans?
Tom steht vor dem Spiegel. Schwarz ist doch besser als blau.

Erst kurz nach neun. Viel zu früh.
Er muss noch was zu trinken kaufen. Und vorher vielleicht in die Sporthalle? Mal sehen, was die so anbieten.

*

Vor dem Eingang stehen ein paar Jungs mit Sporttaschen. Er
⁵ kennt sie von der Schule. Sie gehen in eine andere Klasse.
»Hallo!«, sagt Tom.
»Wenn du zum Fitness willst, ist es zu spät«, sagt einer.
»Nur *klettern* kann man noch.«
»Und wo?«
¹⁰ »Kletterhalle ist da hinten.«
»Danke.«

Die Halle ist nicht sehr groß und es ist ziemlich dunkel.
Nur die Kletterwand ist beleuchtet.
In der Mitte *krabbelt* ein Mädchen wie eine *Spinne*. Das
¹⁵ sieht komisch aus.
Unten am Boden stehen zwei Jungs. Die kennt er doch?
Timo und Jochen! Sitzen in seiner Klasse
weiter vorne.
Jochen hält das *Seil*, mit dem das
²⁰ Mädchen gesichert ist. Er ruft:
»Pass auf, Mia, nicht so schnell!«

die Spinne

---

klettern mit Händen und Füßen nach oben steigen
krabbeln sich auf Knien und Händen bewegen wie ein Kind, das noch nicht
    gehen kann
das Seil siehe Zeichnung auf Seite 11

Ist das Mia aus seiner Klasse? Mit dem *Helm* ist sie nicht zu erkennen. Tom folgt ihr mit den Augen.

Sie streckt sich weit nach oben, sucht mit dem Fuß nach einem Halt. Greift nach einem bunten *Griff*. Mit der einen Hand. Mit der anderen *tastet* sie nach oben.

Langsam steigt sie aufwärts.

Tom merkt, wie er auch seinen Körper streckt. Er macht jede Bewegung mit. Nun mit dem Fuß dahin. Ein bisschen weiter. Festhalten. Und den Arm strecken.

So, jetzt greifen und wieder festhalten!
Immer weiter.
Immer nach oben.

Mensch, das ist toll. Das könnte ihm auch gefallen, das Klettern!

Jetzt muss sie aber aufpassen! Welche Seite ist am besten? Wo ist der nächste Griff?
Da! Jetzt ist sie oben.
»Super!«, ruft Tom.
Mia dreht sich um.
»Hey Tom!«, ruft sie. »Was machst du denn hier?«

Mit dem Seil *schwebt* sie nach unten.

---

der Helm siehe Zeichnung auf Seite 11
der Griff siehe Zeichnung auf Seite 11
tasten vorsichtig mit den Händen suchen
schweben sich fast lautlos bewegen, als ob man langsam durch die Luft fliegt

Jochen hilft ihr mit dem *Gurt*.
»Ging gut heute!«, sagt er. »Du wirst immer besser.«

»Wie lange kletterst du schon?«, fragt Tom.
»Also, ich bin mit dem Basis-Kurs bald fertig«, antwortet Mia. »Es ist echt anstrengend. Man muss sich sehr konzentrieren.«
»Und wie oft trainierst du?«
»Freitags und sonntags. Spät am Abend ist es billiger. Jochen und Timo sind richtige Profis. Sie passen auf alle Anfänger auf.«
»Kann man mal auf Probe klettern?«
»Sicher. Hast du Lust«
Tom nickt.
»Dann komm doch am Sonntag.«
»Ja, gut!«
Mia und die Jungs packen ihre Sachen zusammen.
»Ich muss auch los«, sagt Tom und geht hinaus.

*

der Gurt

Fast elf. Macht nichts. Besser zu spät als zu früh ankommen.

Wo kann es sein? Das Autohaus liegt auf der anderen Seite der Straße. Und daneben ist ein Haus.

Tom geht in die Richtung.

Von draußen hört er schon die Musik. Die Party läuft wohl auf Hochtouren. Er klingelt.

»Hey!« Vanessa lässt ihn rein. »Cool, dass du da bist«, sagt sie und tänzelt davon.

Tom ist allein in der Eingangshalle. Er hängt seine Jacke auf, nimmt eine Dose aus dem *Sixpack*. Den Rest lässt er in der Garderobe stehen.

Das Wohnzimmer ist so groß wie ein Saal. In einer Ecke steht eine Musikanlage. Es ist sehr laut.

Viele tanzen. Andere stehen in kleinen Gruppen herum, lachen.

Man kann kein Wort verstehen.

Die Mädchen tragen fast nur schwarze Sachen. So wie Vanessa.

Sie geht herum mit einem Glas in der Hand.

Tom bleibt an der Tür stehen und beobachtet die Leute. Die meisten kennt er nicht. Oder doch?

Plötzlich steht Mike vor ihm

der Sixpack

mit einer Whiskyflasche in der Hand.
»Hier«, sagt er, »trink, bevor sie leer ist.«
»Danke, ich trinke lieber Bier.« Tom öffnet seine Bierdose. »Willst du auch?«
»Nee, das bringt doch nichts!« Mike sieht sich suchend um. »Hast du Isabel gesehen?«
Tom schüttelt den Kopf. »Nee.«
»Die hat ganz sicher was.«
»Was denn?«, fragt Tom.
»Was glaubst du? Na, etwas für die Stimmung!«
Mike geht.

Vanessa kommt auf Tom zu. Sie streicht ihre langen Haare aus dem Gesicht und strahlt ihn an.
»Komm«, sagt sie und nimmt ihm die Bierdose aus der Hand. »Komm mit!«
Sie zieht ihn hinter sich her auf die Tanzfläche.
Ihr Parfüm riecht gut.
»Komm«, sagt sie noch einmal, »tanz mit mir!«
»Ich tanze nicht«, antwortet Tom. »Nie!«
»Ach was«, sagt sie. »Die Musik ist doch super.«

Er steht einfach nur da und rührt sich nicht.
»Warte«, sagt sie dann, »ich hol dir was.«
»Ich hab was zu trinken«, antwortet er.
»Du kriegst was anderes.«
»Ach ja? Und was?«

Doch er weiß, was sie meint. Sein Herz klopft.
»Sag mal, wo kommst du eigentlich her?« Vanessa sieht ihn an. Sie strahlt nicht mehr.

»Warum?«

»Ach, ist egal. Warte! Bin gleich zurück.« Vanessa schwebt durch den Raum.

Tom denkt nach.
Er weiß gar nicht mehr, warum er nie tanzen wollte.
Und was kann schon passieren, wenn er mal eine kleine Pille schluckt?
Er will kein Outsider sein. Er will endlich dazugehören, dabei sein.

»Hier«, sagt Vanessa. Sie ist wieder da.
»Für dich.« Sie streckt die Hand aus.
»Die sehen ja aus wie *Smarties*«, sagt er.
»Sind aber keine!« Ihre Augen sind schmal, als sie ihn anschaut.
»Also, rein damit«, sagt sie. »Ich versprech dir, gleich kannst du tanzen!«
»Hier?« Er dreht sich um. »Wo alle es sehen?«
»Tu nicht so.« Sie ist ungeduldig.
»Eine genügt wohl?«
»Sicher!« Vanessa lacht.
»Nun mach schon! Die Dinger tun dir nichts. Machen dich nur fit. «
Er holt sein Bier und spült eine Pille runter.

Vanessa legt ihren Kopf an seine Schulter. Ihr Haar berührt sein Gesicht.

Smarties kleine bunte Bonbons mit Schokolade gefüllt

Sie tanzen mit geschlossenen Augen.
Im Rhythmus der Musik.

Tom kann an nichts denken.
Aber er tanzt! Mit Vanessa. Und es geht so leicht.
Die Musik ist laut. Der Fußboden vibriert.
Noch fühlt er nichts. Gar nichts.

Aber bald schwimmen die Gesichter der anderen vorbei.
Vanessa gibt ihm einen leichten Kuss. Ihr Mund ist dicht an seinem Ohr.
»Bist nicht so wie die anderen Jungs«, sagt sie leise.

Dann bekommt er einen Schlag auf die Schulter.
»Na, Alter. Super Party, oder?« Mike grinst.
»Mensch, Vanessa. Hast du nichts mehr zu trinken? Es ist nur noch Limo und Cola da.«
»Ich hol was aus dem Keller«, sagt Vanessa und verschwindet.

*

Mike trinkt Wein aus der Flasche. Dann drückt er sie Tom in die Hand.
»Prost«, sagt Tom. Er trinkt auch aus der Flasche.
»Alles klar?«
»Ja, alles easy«, antwortet Tom. Er fühlt sich high.
Mike sieht verrückt aus, findet er.

Sie stehen nebeneinander und beobachten die Mädchen.

Vanessa tanzt allein. Ab und zu hebt sie die Hände über den Kopf und dreht sich im Kreis. Dann streckt sie ihre Arme aus.

»Komm doch, Tom«, ruft sie.

In dem Moment schreit jemand.

»Was ist los?« Tom dreht sich um.

»Ach«, sagt Mike, »da ist nur einer *umgekippt*. Kann mal passieren. Ist sicher nicht so schlimm.«

Ein Junge liegt auf dem Boden. Neben ihm rollt eine Flasche. Der Junge versucht, auf die Beine zu kommen. Dabei fällt ein Stuhl um. Ein paar Mädchen *kichern*.

Tom fühlt sich plötzlich ganz komisch.

Sein Hals tut weh. Seine Beine sind schwer. Und im Kopf *dröhnt* es.

Vanessa steht wieder da.

»Komm, Tom. Tanz mit mir!«

Mike schreit ihm ins Ohr: »Los, Tom! Tanz mit ihr!«

Aber er will nicht. Plötzlich fühlt er sich total müde.

Ihm ist alles egal.

Ohne ein Wort zu sagen, geht er zur Tür.

»Tom, hey!« Vanessa läuft hinter ihm her.

---

umkippen umfallen
kichern leise lachen
dröhnen hier: er hat Kopfschmerzen

»Wo willst du hin?«
»Lass mich in Ruhe!«
»Tom, was soll das?« Vanessa greift seinen Arm. »Sag mal, *spinnst* du?«
»Lass mich!«

Er geht weiter, einfach so, ohne ein Wort.
»Tom, bleib doch.« Vanessa hält ihn am Arm fest.
Er schüttelt sie ab.
Er will nur weg.
»Dann hau doch ab, du Blödmann!«
In der Garderobe holt er schnell seine Jacke und läuft hinaus.

*

Draußen regnet es.
Die Straßen sind menschenleer. Kein Auto fährt vorbei.
Die kalte Luft tut ihm gut.
Er hält den Kopf gegen den Wind. Will das komische Gefühl loswerden.
Jetzt steht er nicht mehr auf der Liste der Coolen.
Aber das macht nichts.

Endlich zu Hause.
»Da bist du ja«, sagt sein Vater. »Na, Spaß gehabt?«
»War schon okay«, antwortet er schnell und verschwindet in sein Zimmer.

---

spinnen hier, verrückt sein

»Alles in Ordnung, Tom?« Sein Vater steht in der Tür.
»Klar! Bin nur müde.« Er wirft sich auf sein Bett.
»Schlaf gut!«
»Du auch.«

Er liegt lange wach.
    Warum kann ich nicht schlafen?
    Ich will nicht daran denken. Vanessa. Die Pille. Mike, so betrunken.
    Ihm ist schlecht.
    Sich nur nicht bewegen. Vielleicht hört es dann auf.
    Nie wieder!

*

Sonntagabend steht Tom in der Kletterhalle.
    Mia ist schon da.
    »Hey!«, sagt sie. »Du machst mit?«
    Er nickt.
    Jochen und Timo reden mit einer Frau. Jochen notiert etwas in einem Buch und gibt der Frau einen kleinen Zettel.
    »Willst du auch einen Termin, Tom?«, fragt er.
    »Ja, will ich«, antwortet Tom.
    »Du weißt, was das bedeutet? Klettersport? Alkohol und Drogen, das gibt´s hier nicht. Und du musst die Regeln einhalten«, erklärt Jochen.
    »Klar!« Tom nickt.
    »Passt dir Mittwoch, 20 Uhr? Zum Probeklettern? Gurt und Schuhe kannst du leihen.«
    Tom ist einverstanden.

»Klettern ist super!« Mia steht vor ihm. »Es macht wirklich Spaß. Und ich habe dadurch bessere Schulnoten. Meint meine Mutter.«
»Aber du bist doch gut in der Schule.«
»In Mathe nicht.«
»Da kann ich dir helfen«, sagt Tom.
»Ehrlich?«
»Sicher. Und ich könnte Nachhilfe in Latein gebrauchen«, sagt er.
Mia lacht. »Sollen wir uns Nachhilfe geben? Du mir in Mathe und ich dir in Latein?«
»Warum nicht?«

Tom schaut Mia an.
»Ich war bei Vanessa auf einer Party«, sagt er.
»Ach, ja? Ich bin auch mal dort gewesen.« Mia schaut zur Seite. »Es hat mit aber nicht gefallen.«
»Mir auch nicht.«

*

Sie warten. Jochen und Timo holen die Seile.
»Kann ich *zugucken*?«, fragt Tom.
»Klar!«, antwortet Mia.
»Und nach dem Training? Hast du Zeit? Wir könnten eine Pizza essen?«
»Ich liebe Pizza. Besonders nach dem Training!« Sie wird rot.

---

zugucken zusehen

Tom weiß nicht, was er sagen soll. Aber er muss sie die ganze Zeit anschauen.
Er lächelt sie an.
Mia lächelt zurück.

Sein Herz schlägt plötzlich schneller.
»Ich bin sicher, dass dir das Klettern gefällt. Und im Sommer können wir im Freien üben. Das wird toll!«, sagt sie.
Ihre Augen leuchten.
In diesem Moment verliebt sich Tom in Mia.

*

»Ich muss mit euch reden.« Der Klassenlehrer setzt sich. Sein Gesicht ist sehr ernst.
Er wartet, bis alle Schüler ruhig sind.
Tom schaut ihn überrascht an.

An diesem Morgen ist alles anders. Keiner sagt was. Keiner lacht.
Mia dreht sich noch mal schnell zu Tom um.
Sie flüstert »Pause?«
Tom nickt.

»Isabel liegt im Krankenhaus«, sagt der Klassenlehrer. »Es geht ihr gar nicht gut!«
»Was hat sie denn?«, fragt ein Mädchen.
Der Lehrer antwortet nicht.
Er schaut sie an. Die ganze Klasse.

Alle warten.
Was ist passiert? Ob Mike etwas weiß? Tom kann nur Mikes Rücken sehen.

Der Klassenlehrer steht auf. Er geht mit großen Schritten hin und her. Dann erzählt er: »Vanessas hatte eine Party. Ihr Vater ist etwas früher nach Hause gekommen. Hat Pillen gefunden und … Den Rest könnt ihr euch sicher denken.«
»Mann! Ein paar Pillen, ein bisschen Spaß«, sagt Mike. Er fängt an zu lachen.
Doch er stoppt sofort, als er den Blick des Lehrers sieht.
»Das ist gar nicht komisch«, sagt der Lehrer. »Will noch einer was dazu sagen?«
Keiner will.

»Wir haben oft über Drogen gesprochen«, sagt der Klassenlehrer, »aber vielleicht nicht oft genug.«
»Isabel und Vanessa sind doch selber schuld«, meint ein Mädchen. »Ich war auch einmal auf so einer Party bei Vanessa. Hatte aber keine Lust, mich zu betrinken oder so.«
»Was ist denn jetzt mit Isabel?«, fragt Jochen.
»Isabel liegt im *Koma*. Seit Freitagnacht«, antwortet der Lehrer.

Ein Mädchen in der ersten Reihe fängt an zu weinen.
»Muss sie sterben?«, fragt einer.
»Das weiß niemand«, antwortet der Lehrer.
»Was ist mit Isabels Mutter?«, fragt Mia.

Koma tiefe Bewusstlosigkeit

»Sie war bei mir«, sagt der Lehrer. »Sie macht sich große Sorgen. Hat nicht gewusst, was ihre Tochter in der Freizeit macht.«

»Isabel war mal meine Freundin«, erzählt ein Mädchen, »aber dann kam Vanessa. «

»Genau!«, sagt ein anderes Mädchen. »Ich war auch mal mit Isabel befreundet. Aber plötzlich … ich weiß nicht … plötzlich war ich nicht mehr gut genug. Kann ich ja auch verstehen. Vanessas Vater ist *steinreich*. Meiner ist arbeitslos und *hockt* jeden Tag zu Hause *rum*.«

»Ich weiß nicht, warum Isabel das getan hat«, sagt der Lehrer. »Aber bunte Pillen sind nicht cool! Zu viel Alkohol auch nicht.«

»Auf der Party bei Vanessa habe ich auch was genommen«, sagt Tom plötzlich.

Es fällt ihm nicht leicht, das zu sagen.

Mia dreht sich um. Sie macht große Augen.

Der Lehrer schaut ihn an. »Ich finde es gut, dass du das sagst. Aber ich verstehe nicht, Pillen schlucken …?«

»Ich wollte kein Outsider sein«, sagt Tom. Ihm ist heiß. »Und es ging mir auch schlecht danach.«

Er guckt weg. Will niemandem in die Augen sehen.

»Outsider? Wieso?«, fragt der Lehrer. »Du bist neu in der Klasse, das ist richtig. Aber du findest schon bald Freunde.«

»Ja, sicher!«, sagt Mia.

*

---

steinreich sehr reich
rumhocken dasitzen und nichts tun

»Warum bist du nicht in der Schule?« Vanessas Vater zieht ihr die Bettdecke weg.

»Bin krank«, sagt Vanessa sehr leise.

»Ach was«, sagt ihr Vater. »Du *traust dich* nicht. Oder?«

5 Er legt seine Hand auf ihre Schulter. »Vanessa, mach doch nicht alles noch schlimmer. Du musst in die Schule gehen. Das weißt du.«

»Ach, Papa!« Vanessa schaut ihn traurig an.

»Ja, ja. Ist auch meine Schuld. Aber Partys, Pillen, Alko-
10 hol! Warum habe ich nichts bemerkt?«

»Du bist ja nie zu Hause!«

»Ich weiß, Kind.« Er setzt sich auf ihr Bett. »Damals, als Mama krank war ... da hatte ich keine Zeit fürs Geschäft. Und seit ... Na ja, ich wollte nur ...«

15 Er nimmt Vanessas Hand.

Sie weint.

»Vanessa, mein Kind. Mir tut es ja auch leid! Und ich versprech dir, es ändert sich was! Aber mit Alkohol und Drogen ist Schluss! Vanessa! Antworte mir!«

20 »Ja, Papa.«

»Morgen gehst du wieder in die Schule. Du hast jetzt schon zwei Tage gefehlt. Und was ist mit Isabels Mutter? Sei froh, dass Isabel wieder aus dem Koma erwacht ist!«

»Ja, Papa. Ich gehe zu ihrer Mutter. Heute Nachmittag.
25 Versprochen!«

*

---

sich trauen den Mut zu etwas haben

»Tom! Du hast Besuch.« Seine Mutter klopft an seine Tür.
»Mia«, sagt er und springt auf.
»Nee, nicht Mia, ich bin's!«

Da steht sie, Vanessa.
Sie sieht anders aus, denkt Tom. Und die Augen … als ob sie geweint hat.
»Ich will mich entschuldigen.«
»Wofür denn?«
»Na, du weißt schon. Weil ich dir die Pille … «
»Bin selber schuld«, sagt Tom. »Ich habe nicht Nein gesagt.«
»Du warst so … so … Ich wollte so gern mit dir tanzen.«
»Und ich wollte mal sein wie die anderen, sagt Tom.
»Wie meinst du das?«
»Na, so ohne … Also, so … einfach mal alles tun, einfach mal frei sein … «
Tom weiß nicht, wie er es erklären soll.
Aber Vanessa nickt.

»Ich war heute Nachmittag bei Isabels Mutter«, sagt sie dann. »Das war schlimm.«
»Und?«, fragt Tom.
»Was und?«
»Wie geht's Isabel?«
»Besser. Aber sie muss noch im Krankenhaus bleiben.«

»Was sagen deine Eltern denn?«, fragt Tom.
»Mein Vater? Dem hab ich versprochen, dass Schluss ist mit Partys, Alkohol und … «

»Das finde ich gut.«
»Ja.«
Sie *schweigen*.

Nach einer Weile fragt Tom: »Bist du okay?«
Vanessa nickt.
Aber sie sieht sehr traurig aus.
»Wenn du willst … «, sagt Tom, » … mein alter Freund, er heißt Alex, er kommt am Wochenende. Und Mia zeigt uns die Stadt. Komm doch einfach mit!«
»Vielleicht.«
»Gehst du morgen zur Schule?«
»Ja!«, antwortet Vanessa.
»Das ist gut«, sagt Tom.
»Also dann, Tschüss!«
»Bis morgen!«

*****

schweigen nicht sprechen, ruhig sein

Fragen:

1. Warum stellt der Mathelehrer Tom eine Frage?
2. Was merkt Alex, als er mit Tom telefoniert?
3. Warum trainiert Mia in der Kletterhalle am späten Abend?
4. Warum macht Vanessa eine Party?
5. Warum sucht Mike Isabel?
6. Weshalb verlässt Tom die Party?
7. Wohin geht Tom am Sonntagabend?
8. Worüber will der Klassenlehrer mit der Klasse sprechen?
9. Wie reagieren die Schüler darauf?
10. Wie geht es Vanessa?
11. Was verspricht sie ihrem Vater?
12. Warum kommt Vanessa zu Tom?

Sprachübungen

1. Was gehört zusammen?
1. In der Garderobe
2. Die Straßen
3. In der Mitte
4. Von draußen hört er schon
5. Dann bekommt er

a. krabbelt ein Mädchen.
b. die Musik.
c. hängt er seine Jacke auf.
d. einen Schlag auf die Schulter.
e. sind menschenleer.

2. Welches von den folgenden Wörtern fehlt hier?
auf - in - vor - aus - zu - über
1. Mia steht   ihm.
2. Er steht nicht mehr   der Liste.
3. Er trinkt   der Flasche.
4. Sie hebt die Hände   den Kopf.
5. Sie geht   Isabels Mutter.
6. Sein Vater steht   der Tür.

3. Jedes Wort an seinen Platz!
1. doch einfach komm mit
2. anders aus sie sieht
3. euch ich mit muss reden.
4. du eigentlich her kommst wo
5. auf habt eine ihr Lust Party

4. Wie heißt das Verb im Plural?

1. Ein Mädchen macht eine Party. Die Eltern ___ ein Fest.
2. Das sieht aber komisch aus! Die Lehrer ___ alle so alt aus!
3. Er wohnt jetzt in der Stadt. Seine Freunde ___ noch auf dem Land.
4. Tom steht allein da. Die Mädchen ___ zusammen in einer Gruppe.

5. Setze die richtige Form von ›sein‹ oder ›haben‹ ein:

»Ich ___ keine Lust«, sagt Tom.
»Ich ___ nur müde«, sagt er.
»Du ___ wohl nicht gut drauf?«, fragt Alex.
Er fragt: » ___ ihr einen Moment Zeit?«
Ein Mädchen ___ ganz kurze Haare.
Alle Schüler ___ ganz ruhig.
»Wir ___ keine Getränke mehr«, sagt sie.

Weitere Übungen und Anregungen unter
www.easyreaders.eu